Roswitha Förster

# Barockschloss Rammenau



Sachsens schönste Schlösser, Burgen und Gärten

Edition Leipzig

Frontispiz: Barockschloss Rammenau

Die Erarbeitung der Broschüre wurde unterstützt von Steffi Huste, Cornelia Müller, ARGE Gabriel, Dr. Winderlich, Wolf in Dresden und dem Autorenkollektiv des Staatlichen Schlossbetriebes Barockschloss Rammenau

Die Deutsche Bibliothek – CIP Einheitsaufnahme
Ein Titeldatensatz für diese Publikation ist bei der Deutschen Bibliothek erhältlich.
ISBN 3-361-00551-5


Edition Leipzig ist ein Unternehmen der Verlagsgruppe Dornier, Berlin.
www.dornier-verlage.de



Umschlag und Layout: Atelier für grafische Gestaltung, Leipzig
Reproduktionen: Förster & Borries, Zwickau
Druck: Westermann Druck, Zwickau
Printed in Germany
Gedruckt auf alterungsbeständigem Papier mit chlorfrei gebleichtem Zellstoff.
Die Schreibweise folgt den Regeln der neuen Rechtschreibung.

Dieser Band erscheint mit freundlicher Unterstützung
der Ostdeutschen Sparkassenstiftung
im Freistaat Sachsen gemeinsam
mit der Kreissparkasse Bautzen

# Inhalt

# Was man wissen sollte

*Adresse*
Staatlicher Schlossbetrieb
Barockschloss Rammenau
Am Schloss 4, 01877 Rammenau
Telefon: (0 35 94) 70 35 59, Fax: (0 35 94) 70 59 83
E-mail: info@barockschloss-rammenau.com
Internet: www.barockschloss-rammenau.com

*Öffnungszeiten*
Sommerhalbjahr: täglich 10–18 Uhr
Winterhalbjahr: Sonntag–Freitag 10–16 Uhr,
Sonnabend 12–16 Uhr

*Anfahrt*
von Dresden in Richtung Görlitz/Bautzen
A 4 - Abfahrt Burkau
B 6 - über Bischofswerda
von Görlitz/Bautzen in Richtung Dresden
A 4 - Abfahrt Burkau
B 6 - über Bischofswerda

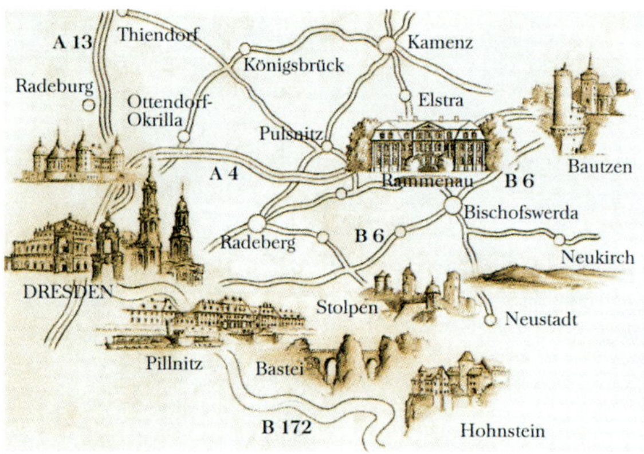

*Führungen*
nach Vorbestellung, auch außerhalb der Öffnungszeiten möglich
- geführte Schlossrundgänge
- Führungen mit der Kammerzofe
- Abend- und Sonderführungen
- Nachtführungen

*Informationen/Museumsshop*
Bücher, Poster, Flyer, Ansichtskarten, Wanderkarten, verschiedene Souvenirs, Oberlausitzer Keramik, Porzellan, Videos, CDs

*Veranstaltungen* siehe Veranstaltungskalender

*Vermietungen*
Historische Räume des Schlosses, einschließlich Spiegelsaal, können angemietet werden. Ebenso stehen der Park oder Räume im Kavaliershaus Ost für Tagungen, Seminare, Events, Firmenpräsentationen oder Familienfeiern zur Verfügung.

*Fotografieren* gegen eine Fotogebühr, mit Genehmigung

*Besonderheit* Trauungen im Spiegelsaal

*Ausstellungen*
- Johann Gottlieb Fichte-Museum
- Porzellanausstellung der Dresdner Porzellanmanufaktur
- ständig wechselnde Sonderausstellungen
- 300 Jahre Schloss- und Baugeschichte

*Gastroservice*
Schlossrestaurant mit ca. 120 Plätzen
Öffnungszeiten: täglich ab 11.30 Uhr
Telefon: (0 35 94) 70 30 65, Fax: (0 35 94) 70 31 60

# Rammenau und sein Schloss heute

Wo sich Westlausitz und Oberlausitz begegnen, liegt der Ort Rammenau mit seinem Landschloss. Eingebettet in eine reizvolle Landschaft mit Hügeln, Bergen und Teichen, wird er zunehmend zum Anziehungspunkt für Touristen. Das liegt nicht zuletzt an seiner guten Verkehrsanbindung: Von der Autobahn Dresden-Bautzen kommend, verlässt man diese bei der Abfahrt Burkau, fährt etwa 1,5 Kilometer in Richtung Bischofswerda und biegt dann in den kleinen Ort Rammenau ab.

Bekannt ist Rammenau als Geburtsort des Philosophen Johann Gottlieb Fichte, mehr noch aber durch das wohl schönste noch erhaltene barocke Landschloss Sachsens. Erbaut wurde es zwischen 1720 und 1737 vom sächsisch-polnischen Kammerherrn Ernst Ferdinand von Knoch. Die repräsentative Anlage - umgeben von Wirtschaftsgebäuden und einem Park - spiegelt die geachtete Stellung des Bauherrn am Dresdner Hof und entspricht der damals zur Mode gewordenen Baulust des Adels.

Im Laufe der bald dreihundertjährigen Schlossgeschichte wechselten die Besitzer wiederholt, bis im Jahr 1993 der Freistaat Sachsen das Barockschloss, in dem sich seit 1962 auch ein Museum befindet, übernahm.

Der besondere Reiz dieser einstigen Sommerresidenz liegt nicht nur im harmonischen Miteinander barocker Architektur und klassizistischer Ausschmückung. Es warten stilvolle Salons, kostbares Porzellan sowie Zeitzeugnisse zur Schloss- und Rittergutsgeschichte auf die Besucher.

Von jedem Raum des Schlosses aus kann der Gast einen Blick in den Schlosspark werfen, der an der Wende zum 19. Jahrhundert im Stil englischer Landschaftsgärten angelegt wurde. Mit seinem schönen alten Baumbestand, den botanischen Raritäten, dem Wasserspiel und den ver-

Das barocke Landschloss Rammenau aus der Luft

schlungenen Wegen ist er ein Ort, an dem der Besucher Ruhe und Erholung finden kann.

Immer im Einklang mit dem historischen Ambiente, präsentiert sich das Barockschloss Rammenau heute mit einem zeitgemäßen Kultur-, Freizeit- und gastronomischen Gesamtkonzept.

## *Inmitten von Hügeln, Feldern, Wiesen und Teichen*

Das Barockschloss Rammenau liegt in einer der schönsten Gegenden Sachsens: im südöstlichsten Zipfel des Landschaftsschutzgebietes Westlausitz, das hier den Anschluss an das Landschaftsschutzgebiet Oberlausitzer Bergland findet. Der Reisende, der nach Rammenau kommt, wird im Umfeld des Schlosses viel Charakteristisches von der Eigenart der Lausitz finden.

Ein Kranz bewaldeter Berge umschließt die weit auseinander liegenden Ortsteile. Der Hochstein mit seinen 448,9 Metern über dem Meeresspiegel ist dabei der höchste der umliegenden Berge. An seinem Fuß wurde bis in die Fünfzigerjahre des 20. Jahrhunderts Granit gebrochen, der hier in weiten Gebieten vorkommt. Alleen, markante Einzelbäume, Hecken und gepflegte Wegraine gliedern die Feldflur zwischen den Wiesen und Obstgärten. Typisch für Rammenau sind seine Teiche, die sich wie Perlen an einer Schnur aneinander reihen. Drei große und mehrere kleine Teiche bilden die Grundlage für das Leben vieler Wasservögel – wie Graureiher, Schwäne, Enten, Blesshühner – und werden bereits seit Jahrhunderten zur Fischzucht genutzt. Unmittelbar in der Nähe des Schlosses besteht die Möglichkeit zu einer Bootsfahrt. Dabei kann man die vielseitige Tier- und Pflanzenwelt selbst entdecken und beobachten.

Neben all dem, was die Natur an Schönheiten bietet, werden dem Besucher die gepflegten Häuser und Vorgär-

Der Ort Rammenau, eine ländliche Idylle

ten ins Auge fallen. In den letzten Jahren hat ein Wandlungsprozess vom landwirtschaftlich strukturierten Dorf hin zum Fremdenverkehrsort begonnen, wobei stets versucht wird, die Einheit zwischen Barockschloss und Umfeld zu bewahren.

## *Entdeckungen am Wege*

Auf dem Weg zum Schloss findet sich viel Sehenswertes, was über vergangene Zeiten berichtet. Gegenüber der Kirche, einem schlichten Bau mit Walmdach aus der ersten Hälfte des 18. Jahrhunderts, lädt die tagsüber geöffnete Tür ins »Alte Gefängnis« ein. Aber keine Angst! In der dunklen Kellerzelle gibt es heute keine Gefangenen mehr. Das Gebäude aus dem 18. Jahrhundert, das damals eine Schule war, wurde durch die Gemeinde restauriert und erzählt nun von seiner wechselvollen Geschichte. Histo-

Im »Alten Gefängnis«

rische Fotografien, alte landwirtschaftliche Geräte, Schulmobiliar aus vergangenen Jahrhunderten, eine Giftmordschilderung sowie der Bauern- und Kräutergarten gleich neben dem altehrwürdigen Gebäude machen einen Besuch im »Alten Gefängnis« lohnenswert.

Unweit des Gefängnisses und der Kirche findet der Besucher entlang der Johann-Gottlieb-Fichte-Straße Eichentafeln, die Wissenswertes und Sagenhaftes aus der Ortsgeschichte vermitteln. Am Brettmühlenteich zum Beispiel kann man die Geschichte dieser Mühle nachlesen, die einstmals Mahlmühle, Knochenstampfe und Ölschläge war und heute noch als Schneidemühle betrieben wird.

Das »Alte Gefängnis«, ein Gebäude erzählt über die Geschichte des Ortes

Daneben informieren Schautafeln an besonders schönen Aussichtspunkten über seltene Tierarten in der Rammenauer Flur, wie den Seeadler, den Fischotter, den Marderhund, sowie über das ursprüngliche Mitteldorf mit seinen elf Nebenstübchen. Die Rede ist hier von den Ortsteilen, die alle ihren eigenen Reiz haben und eine »Entdeckungsreise« wert sind: Oberrammenau, Röderbrunn, die Waldscheibe, der Tanneberg, der Neue Anbau, die Aue, das Niederdorf, das Beigut, die Randsiedlung, das Schaudorf und das Niederschaudorf.

Diese Ortsteile sind im Laufe der mehrere Jahrhunderte alten Geschichte des Dorfes entstanden, wobei sich eine Siedlungsstruktur herausgebildet hat, die man von den nahe gelegenen Bergen aus zwar grob erfassen, aber durch die Begrünung des Ortes nirgends vollständig überblicken kann. Darüber hinaus kann sich der Wanderer bei seinen Ausflügen auf vielen Kilometern erschlossener Wander- und Radwege, vorbei an den Wanderhütten, immer wieder auf einen neuen, jedes Mal anderen Blick über die Lausitz freuen.

# Rammenau – ein historischer Überblick

## *Die Dorfanlage*

Im Jahre 1213 wurde das Dorf erstmals unter dem Namen »Ramnou« in einer Grenzlandberichtigungsurkunde erwähnt. Es ist aber anzunehmen, dass der Ort bereits um das Jahr 1100 besiedelt wurde. Die Grenzlandberichtigung etwa 100 Jahre später erfolgte unter der Leitung von Burggraf Bernhardt von Kamenz und sieben weiteren Burggrafen zwischen dem Königreich Böhmen, zu dem damals die Oberlausitz gehörte, und den Besitzungen des Bischofs Bruno II. zu Meißen.

Rammenau wurde als stark parzelliertes Waldhufendorf angelegt. Dabei entstanden lange schmale beziehungsweise kurze breite Landstreifen mit Hofanschluss, die sich längs des Sumpfes anordneten, der das Gebiet durchzog. Noch heute findet man Gehöfte mit dazugehörigen landwirtschaftlichen Flächen, die den alten Hufen entsprechen. Die in der Mitte des Dorfes am günstigsten gelegene Hufe war Kirchenbesitz. Sicherlich hat sich eine Kirche oder eine Kapelle mit dem Friedhof bereits seit Gründung des Dorfes an der gleichen Stelle befunden, wo auch heute noch die Kirchenglocken läuten. Von 1419 bis 1438 war Rammenau im Besitz des Burggrafen Burso III. von Kamenz. Im Jahre 1438 ging das Dorf in die Herrschaft derer von Elstra über. Seit 1429 gehörte es den Herren von Ponikau und unter ihrer Herrschaft blieb es bis 1622. Aus dieser Zeit gibt es keine schriftlichen Aufzeichnungen mehr. Im Dreißigjährigen Krieg steckte das schwedische Heer 1642 auf seinem Durchzug von Kamenz nach Leipzig die Kirche in Brand, wobei alle Dokumente vergangener Zeiten verbrannten. Die Menschen flüchteten mit ihren Habseligkeiten in die Wälder rund um den Hochstein und beteten zu Gott, dass ihnen ihr Leben

Die Rammenauer Dorfkirche

Der Brettmühlenteich

blieb. Als die Soldaten abgezogen waren, lagen Kirche und Pfarrhaus in Schutt und Asche, die Hütten und Gehöfte waren geplündert, das Vieh tot, aber die Bevölkerung hatte überlebt.

Die Rammenauer Gemarkung besaß viel sumpfiges Gelände mit Erlen und Haselnussgestrüpp, das kaum zugänglich war und zum Ackerbau wenig taugte. So entschlossen sich die damaligen Gutsherren Tobias von Ponikau und später Christoph von Staupitz dazu, dieses Gelände zum Anlegen von Teichen zu nutzen, um ihrem Land einen möglichst hohen Ertrag abzugewinnen und in Fastenzeiten durch Fisch den Speiseplan zu bereichern. Es entstanden über 20 Teiche, von denen im Laufe der Jahrhunderte aber einige trockengelegt und eingeebnet wurden. Die großen Rammenauer Teiche sind bis in die Gegenwart eine landschaftliche Besonderheit geblieben.

## *Die »Punctation« von 1713*

Mit den 57 Punkten dieser Frondienstordnung versuchten die Herren von Seydewitz, damals Besitzer des Gutes Rammenau, das gesellschaftliche und wirtschaftliche Leben im Ort zu regulieren. Die »Punctation« gibt einen Überblick über die Pflichten der Untertanen gegenüber der Gutsherrschaft und legt ihre Entlohnung fest. Dieses Erbregister wurde den Bauern, Gärtnern und Häuslern vorgetragen, vom Gericht besiegelt und dadurch rechtskräftig gemacht.

»(1.

Seynt die säm(m)t(lichen) Bauern verbunden alle Tage zu Roß und zu Fuß, zu Hofe zu gehn, ohne Christoph Fichten, und Michael Fichten, jeder die Woche 3 Tage, Martin Richter aber gehet drey Tage zu Roß und drey Tage mit der Hand.

(2.

Müßen die Bauern und Gärtner, Vormittage um Acht, und Nachmittage um zwey Uhr, zu Hofe erscheinen, bey zwanzig Groschen Straffe.

(4.

Bauern und Gärtner, wenn sie Holtz machen, müßen ihrer zwey Eine tüchtige Claffter machen, 3 Ellen hoch. 3 Ellen weit, auch ihrer zwey Ein Schock Reißig hacken.

(24.

Sind die sämt(lichen) Unterthanen verbunden, alten gebrauch nach, der Herrschaft Jährlich 3 Stück Garn zu spinnen, als die Bauern und Gärtner Mittels und Grobes, die Häußler und Haußgenossen aber flächßnes, nehm(lich) daß Erste Stück um 8 D(enar), das andere um 1 g(roschen); 8 D(enar) das 3te um 3 g(roschen).

(37.

Unterthanen, seyn in der Herrschaft Mühlen zu Mahlen Die sämtlichen schuldig und gezwungen, und 3 Sonnen Scheine zu warten, wenn sie auch gleich das Getreyde auswärts kauffen, so dürffen sie, doch ohne höchstdringende Noth, nichts auswärts mahlen bey 12 g(roschen) Straffe …«

In der »Chronik des Fichtedorfes Rammenau«, dem Lebenswerk des Rammenauer Bäckers, Fichte- und Heimatforschers Armin Dreßler (1882–1965), findet sich folgender Eintrag zum Arbeitszwang und zur Entlohnung des Hofgesindes:

»Im November jeden Jahres mußten die Fröner ihre Söhne und Töchter zum Gesindemarkt stellen und die Gutsherrschaft suchte sich ihr Gesinde aus. Jedes hatte 1 Jahr Zwangsdienst zu leisten.«

1795 legte Gutsherr von Kleist für die Beköstigung des Gesindes Folgendes fest: »Sonntagmittag Schlickermilch 1/2 Kanne pro Person, aber ohne Mehl, Erbsen mit etwas Butter, abends Wasserbrei, Schlickermilch, etwas Butter. Von Montag bis Sonnabend abends Wasserbrei, morgens Hafergrütze, Heidegrütze oder Graupen. An allen Feiertagen gab es das gewöhnliche Essen und Folgendes dazu: 3 Groschen zu Kuchen, 2 Groschen zu Fleisch, 1 Groschen zu Bier.«

Die »Punctation« von 1713, eine Akte aus dem Schlossarchiv

Barockschloss Rammenau, Lithographie

Das Letztere kam dem Erbrichter zugute, der das Recht des Bierausschanks innehatte. Die Untertanen gingen jedoch nicht nur wegen des Gerstensaftes ins Erbgericht. Die »Chronik« berichtet von einigen spektakulären Gerichtsfällen, die hier verhandelt wurden. Die Palette reicht von Diebstahl, über Schlägereien im trunkenen Zustand bis zum Giftmord, den eine verheiratete Frau an ihrem Mann beging, um mit ihrem jüngeren Geliebten leben zu können. Beide endeten auf dem Galgenberg nahe dem Ortsteil Schaudorf. Die Giftmischung in der Suppe, die den gehörnten Ehemann umbrachte, ist seither als »Ramm'sche Suppe« bekannt. Solche Begebenheiten brachten Abwechslung in das sonst sehr gleichförmige und vor allem arbeitsreiche Leben der dörflichen Bevölkerung.

Diese Aufzeichnungen lassen, zusammen mit den erhaltenen Gebäuden, ein lebendiges Bild von der Arbeit, vom Leben und Treiben im Ort und auf diesem Gutshof zu Beginn des 18. Jahrhunderts entstehen.

# Barockschloss Rammenau

## *Ein Schloss wird gebaut – Ernst Ferdinand von Knoch und seine Vision eines standesgemäßen Landsitzes*

Rittergüter waren im Mittelalter mit Sonderrechten ausgestattete Lehen, die für die Übernahme von Wehrdiensten vergeben wurden. Im Gegensatz zu den ostelbischen Gutsherrschaften hatte der Lehensträger in Kursachsen herrschaftliche Rechte inne. So erhielt der jeweilige Besitzer (nicht Eigentümer!) das Kirchenpatronat, das Jagd- und Steuerrecht, die niedrige Gerichtsbarkeit und die Polizeigewalt für seinen Bezirk. Gleichzeitig konnte der Lehensträger den landwirtschaftlichen Grundbesitz eigenbewirtschaften. Für diese ökonomische Basis des Landadels waren Wirtschaftsgebäude (Ställe, Scheunen, Tennen) und Wohnmöglichkeiten erforderlich.

Das herrschaftliche Gut in Rammenau befand sich ursprünglich nördlich des gegenwärtigen Standortes, bis es im Jahre 1717 wieder einmal den Besitzer wechselte. Mit diesem Verkauf – das Gut ging für 36 000 Taler in den Besitz des Kammerherrn und Appellationsrates Ernst Ferdinand von Knoch (1677–1745) über – und der anschließenden Belehnung (1721) begann eine neue Ära in der Geschichte des Rittergutes Rammenau. Der neue Besitzer ließ das Gut an die heutige Stelle verlegen, der ursprüngliche Gutsbereich wurde in den Akten bald als der »Alte Hof« bezeichnet. Weder über den genauen Baubeginn noch den Baumeister der neuen Anlage können eindeutige Aussagen getroffen werden, da bisher keine Belege oder Akten darüber bekannt sind. Nach stilistischen Vergleichen mit anderen, zeitgleich entstandenen barocken Gutsanlagen und Landschlössern wird allgemein angenommen, dass Rammenau ein Werk Johann Christoph Knöffels

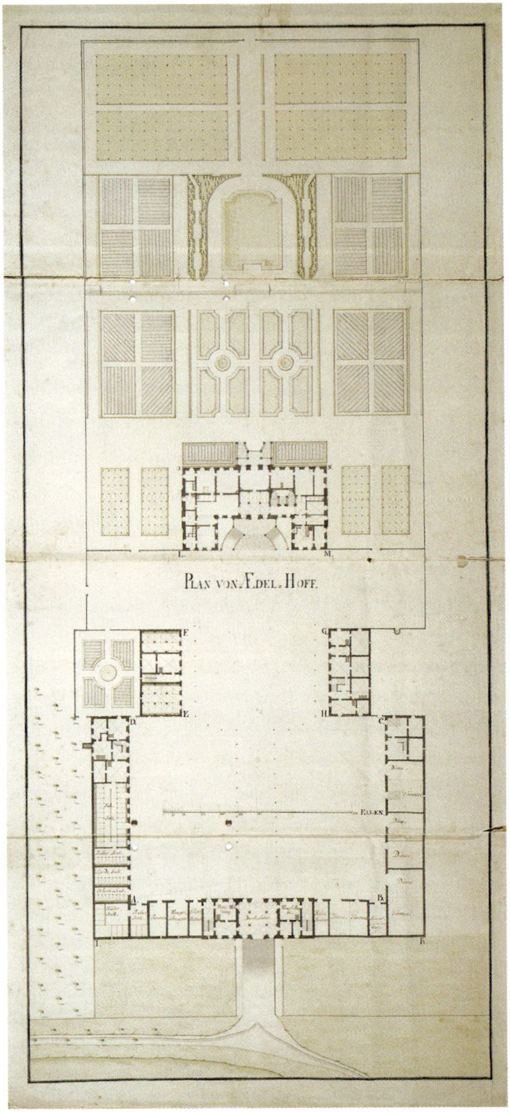


Alter Plan der Landbarockanlage, undatiert

Dieser undatierte Grundrissplan zeigt die Gesamtanlage von Schloss Rammenau. Es ist nicht eindeutig erkennbar, ob es sich um einen Entwurf oder die Wiedergabe der tatsächlich vorhandenen Topographie handelt. Da die Anlage erst unter dem dritten Besitzer fertig gestellt wurde, bleibt es fraglich, ob dieser sich an etwa 30 Jahre alte Baupläne hielt. Der noch streng symmetrisch angelegte Park deutet darauf hin, dass die Zeichnung in der zweiten Hälfte des 18. Jahrhunderts entstanden sein muss, da der Garten in der Zeit von Hoffmanneggs in einen englischen Landschaftspark umgestaltet worden war.
Während der westliche Seitenflügel Lagermöglichkeiten für das Saat- und Erntegut bot, waren im östlichen Seitenflügel die einzelnen Ställe für die Kälber, Kühe, Ochsen und Pferde untergebracht:
Kuhstall, Kälberstall, Pferdestall, Ochsenstall, Kälberstall, Kälberstall, Kammer, Waagenschuppen, Schirr.kammer, Vogts.-Wohnung, Durchfahrt, Waschstube, Holzkammer, Dänne, Pannsel, Hühnerstall, Pannsel, Dänne, Dänne, Pannsel, Dänne, Pannsel, Dänne

Der Meierhof mit Torhaus

(1686-1752) ist. Der Pöppelmann-Schüler gehörte als Oberlandbaumeister zu den führenden Architekten Dresdens im zweiten Viertel des 18. Jahrhunderts. Ungeachtet dessen zeigt sich aber beim Vergleich mit anderen sächsischen Landschlössern, dass die herrschaftlichen Wohnsitze damals nach einem bestimmten Bauprogramm für Barockschlösser errichtet wurden. Gleich nach dem Kauf begann Knoch mit dem Bau des u-förmigen Wirtschaftskomplexes. Durch die Einfahrt des zweigeschossigen Torhauses mit Glockenturm gelangt man in den Hof. Der Turm ist mit einer für die Barockzeit typischen welschen Haube ausgestattet. Die Durchfahrt zeichnet ein bis heute erhaltenes repräsentatives Kreuzgratgewölbe aus. Ein zeitgenössischer Grundrissplan gibt Auskunft über die Nutzung der einzelnen Räumlichkeiten des Gebäudes. Am abschließenden Gebäudeteil dieses Flügels hat sich über dem Türsturz die älteste bisher bekannte Bauinschrift der Gesamtanlage erhalten. Hier sind der Name des Bauherrn Ernst Ferdinand von Knoch und die Jahreszahl 1720 verewigt. In diesem Jahr dürfte der Bau des Wirtschaftsteils im Wesentlichen beendet gewesen sein.

Blick auf das Schloss vom Torhaus

Die zahlreichen Akten des ehemaligen Gutsarchivs nennen die unterschiedlichsten Einnahmen und Ausgaben, die mit der Gutswirtschaft anfielen (Ernteerträge, Viehbestand, Futterkosten und so weiter). Der jeweilige Gutsverwalter notierte sie alle säuberlich, verrechnete sie und legte sie dem Gutsherrn auf Verlangen vor. Auch Bau- oder Reparaturkosten sind vermerkt, wie zum Beispiel 1752 die Reparatur der »großen Thurm Uhr«, die sich im Glockenturm des Torhauses befand. Vom Torhaus führt der Weg durch den beinahe quadratischen Wirtschaftshof zu einer Gruppe von alten Kastanien und vorbei an den beiden Kavaliershäusern, die auf dezente Weise den Übergang in den Ehrenhof markieren. Um das teilweise bepflanzte Rasenrondell, in dessen Mittelpunkt eine Natursteinvase auf einem Sockel steht, führt der Weg bis zur Freitreppe des herrschaftlichen Wohnsitzes. Nicht nur das Schloss, sondern die gesamte Anlage zeichnet sich durch die dem barocken Hofzeremoniell entsprechende

Symmetrie aus. Die äußeren Formen mit Betonung einzelner Teile der Anlage, wie zum Beispiel des Ehrenhofs und der Treppenaufgänge, spiegeln das Bedürfnis der Zeit nach Repräsentation wider.

Das Schlossgebäude, ein zweigeschossiger Bau, ist das klassische Beispiel einer schlichten barocken Dreiflügelanlage mit dreiachsigem Mittelrisalit, Giebeldreieck und vorgezogenen Seitenflügeln. Auch das hohe Mansarddach mit den Fenstern ordnet sich dem harmonischen Ebenmaß unter. Die geschlossene Wandfläche wird durch sparsam verteilte Segment- und Dreiecksgiebel sowie die aufgemalte illusionistische Fassadenmalerei mit Spiegeln und Pilastern aufgelockert und sanft gegliedert. Durch das Auffinden einer beschrifteten Sandsteinplatte ist bekannt, dass der Grundstein für das Schloss am 20. Juni 1721 gelegt wurde, ein halbes Jahr nach der Belehnung Knochs mit dem Rittergut.

Knochs bauliche Aktivitäten beschränkten sich jedoch nicht allein auf Rammenau, sondern erstreckten sich auch auf seine anderen Besitzungen. Finanzielle Schwierigkeiten führten schließlich dazu, dass er Konkurs anmelden musste. So kam es 1744 zum Verkauf Rammenaus für 41 000 Taler an den königlich-polnischen und kurfürstlich-sächsischen Akzisrat, Geheimen Kämmerer und Inspektor des Grünen Gewölbes in Dresden Franz Joseph von Hoffmann (gest. 1749).

Im Jahre 1745 genehmigte der Kurfürst auf Ersuchen von Hoffmanns die Umwandlung Rammenaus von einem Lehen in freies Eigentum. Damit wurde Hoffmann nicht nur Besitzer, sondern auch Eigentümer des Gutes. Dieses vererbte er nur vier Jahre später, weil kinderlos, an seinen Neffen Johann Albericus von Hoffmann (1717–1780). Zu dem Zeitpunkt war der neue Eigentümer als kurfürstlich-sächsischer Legationssekretär in London tätig, wurde später kurfürstlich-sächsischer wirklicher Geheimrat und lebte mit seiner Familie in Dresden. Im Jahre 1778 hat

Sandsteinplastik im Ehrenhof des Schlosses

Kaiser Joseph II. ihn in Anerkennung seiner Dienste in den Reichsgrafenstand erhoben. Von diesem Zeitpunkt an trug er den Namen »von Hoffmannsegg«. Gleich nach Antritt seines Erbes in Rammenau ließ er umfangreiche Bauarbeiten am Schloss durchführen. Zimmer wurden verändert, neue Dachfenster eingesetzt und vieles mehr. Auch an den Wirtschaftsgebäuden sind Maurer- und Zimmermannsarbeiten belegbar.

Die für die Baugeschichte der Gesamtanlage interessantesten Vermerke in den Archivquellen betreffen die zwei »neuen Häuser«, die erst 1753/54 vollendet wurden und mit sehr hoher Wahrscheinlichkeit mit den beiden Kavaliershäusern identisch sind. Mit diesen Gebäuden wurde eine räumliche und optische Trennung von Wirtschaftshof und Ehrenhof erreicht. Erst zu diesem Zeitpunkt erlebte das barocke Bauensemble seine Vollendung zu einem harmonischen Ganzen.

## *Johann Gottlieb Fichte – der berühmte Sohn Rammenaus*

Johann Gottlieb Fichte wurde am 19. Mai 1762 in Rammenau geboren. Sein Geburtshaus, das alte Pfarrpächterhaus im Pfarrgarten, ist später abgerissen worden. Fichtes Eltern waren, wie ein Großteil der Rammenauer Bevölkerung damals, arme Bandweber. Bei den Fichtes bestand, wie bei vielen kleinen Leuten, der Reichtum in einer großen Kinderschar. Von den zehn Kindern erreichten sieben das Erwachsenenalter. Dass es dem Ältesten, Johann Gottlieb, vergönnt war, das dörfliche Milieu zu verlassen, nannte er später selbst »eine Fügung der Vorsehung«.

Der Dorfpfarrer erkannte wohl die geistigen Fähigkeiten des Jungen. Der Zufall wollte es, dass Fichte diese unter Beweis stellen durfte: Freiherr Ernst Haubold von Miltitz weilte auf Schloss Rammenau zu Besuch. Da bei seinem Eintreffen die Predigt bereits vorbei war, rief der Pfarrer den neunjährigen Fichte aufs Schloss. Als dieser die Sonntagspredigt inhaltlich verständlich und mit Hingabe und Begeisterung wiederholt hatte, beschloss Miltitz, die besondere Begabung des Jungen zu fördern.

Johann Gottlieb Fichte verdankte Miltitz seine Ausbildung in der Stadt-Schule von Meißen sowie später in der Fürstenschule Pforta bei Naumburg, die er von seinem zwölften bis zu seinem achtzehnten Lebensjahr besuchte. Diese Jahre wurden für ihn zur ersten harten Bewährungsprobe seines Lebens. Als Kind aus ärmlichsten Verhältnissen spürte er tagtäglich die Arroganz und Ignoranz der Söhne der Adligen. Sein starker Wille und sein Glaube an sich selbst halfen ihm diese Zeit zu überstehen und formten seinen starken, kämpferischen Charakter.

Als Fichtes Förderer starb, änderte sich vieles für den Zögling. So, wie es Miltitz und Fichtes Mutter bestimmt hatten, sollte er die Laufbahn eines Pfarrers einschlagen.

Fichte-Denkmal im Schlosspark. 1862, Schmöllner Granit, Bildhauer: Friedrich Rentsch

Johann Gottlieb Fichte (1762–1814) Philosoph. Lithographie von A. Schultheis nach einer Zeichnung von Friedrich Bury, um 1801

Über Fichtes Studienzeit ist lediglich bekannt, dass er achtzehnjährig in Jena zu studieren begann und 1781 nach Leipzig wechselte. Um 1784 scheint er aus finanzieller Not das Studium abgebrochen zu haben. Seinen Lebensunterhalt finanzierte er sich als Hauslehrer. Diese Tätigkeit war jedoch so zeitintensiv, dass er nicht nebenher studieren, und der Verdienst so gering, dass er kein Geld beiseite legen konnte, um anschließend zu Ende zu studieren. Zuletzt war er von 1788 bis 1790 in Zürich als Hauslehrer tätig.

Die Begegnung mit Immanuel Kant war bedeutend für seine weitere Entwicklung. Fichte setzte sich intensiv mit Kants Werken auseinander und gab schließlich anonym die *Kritik aller Offenbarung* heraus. Die Leserschaft meinte, die Schrift stamme von Kant. Dieser stellte schriftlich klar, dass Fichte die Ehre gebühre. Damit kam für Fichte der Durchbruch. Im Winter 1793/94 schrieb er seine Wissenschaftslehre nieder, die die Grundeinstellung seines Lebens widerspiegelt: Worte und Taten müssen aus einem Stück sein. In der Züricher Zeit lernte Fichte seine spätere Frau Johanna Rahn kennen, eine Nichte Kloppstocks. Sie war ihm geistig ebenbürtig, gebar ihm einen

Geburtshaus von Fichte, erbaut 1766, abgetragen nach der Veräußerung 1820

Sohn, Immanuel Herrmann Fichte, und hielt in guten und in schlechten Zeiten zu ihrem Mann.

Fichtes Wirken an der Jenaer Universität gehört zu den Höhepunkten deutscher Philosophiegeschichte. Infolge seiner charakterfesten und auch kompromisslosen Haltung legte er sich mit Kollegen, Studenten und dem Hof in Weimar an. Nach dem inszenierten »Atheismusstreit« wurde er 1799 aus dem Lehramt entlassen. Im Jahre 1800 gelang ihm ein harter Neuanfang in Berlin. Nach der Niederlage Preußens gegen Napoleon am 14. Oktober 1806 floh Fichte nach Königsberg, wurde dort ordentlicher Professor und zog, als die Franzosen Königsberg einzunehmen drohten, weiter nach Kopenhagen. Von dort kehrte er nach wenigen Wochen - Preußen hatte mit Frankreich den Frieden von Tilsit geschlossen - nach Berlin zu seiner Familie zurück. Im Februar 1813 brach er seine Vorlesungen *Über die Bedeutung des wahrhaften Krieges* ab und entließ seine Studenten, die gegen Napoleon zu den Waffen eilten. Er selbst nahm an Waffenübungen zum Landsturm teil. Fichtes Frau half bei der Pflege der Verwundeten und steckte sich dabei mit Flecktyphus an, den sie jedoch überwand. Johann Gottlieb Fichte infizierte sich bei ihr und starb am 29. Januar 1814. Seine letzte Ruhestätte fand er auf dem Dorotheenstädtischen Friedhof in Berlin.

Fichte-Denkmal im Ort. 1912, Bronze, Bildhauer: Walter Sintenis

Fichtes Erbe zu pflegen bedeutet, sich mit seinem Leben und Wirken auseinander zu setzen. Das geschieht heute in seinem Geburtsort vor allem in der Fichte-Gedenkstätte im Barockschloss. Ein Fichte-Pfad, der in der Ortsmitte seinen Anfang nimmt, führt von der Kirche und dem Pfarrhaus zur Schule, an den Teichen vorbei bis zum Rammenauer Schloss. Im Schlosspark erinnert das alte Fichte-Denkmal, eine dorische Säule, und gegenüber dem Pfarrhaus das neue, eine Büste, an den großen Philosophen.

Familienwappen derer von Hoffmannsegg

## *Johann Centurius Graf von Hoffmannsegg – ein Naturforscher als Schlossherr*

Johann Centurius von Hoffmannsegg wurde am 23. August 1766 in Dresden geboren. Sein Vater, Johann Albericus von Hoffmann, hatte Schloss Rammenau 1749 geerbt. Seine Mutter, Amalie Elisabeth, war eine geborene von Miltitz auf Oberau, Niederau und Siebeneichen. Hoffmannseggs Eltern starben früh. Bis zu seiner Volljährigkeit stand Johann Centurius unter der Vormundschaft des Barons von Hohenthal. Mit dessen Einwilligung begab er sich zum Studium der Geschichte, Geographie und Naturwissenschaften nach Leipzig. Während dieser Zeit wuchs seine Begeisterung für Botanik und Entomologie derart, dass er beschloss, ferne Länder zu bereisen, um dort die Tier- und Pflanzenwelt zu studieren. Doch zunächst beugte er sich den adligen Standespflichten und absolvierte seine Militärzeit. Er diente keinen Tag länger als notwendig. Im Herbst 1786 setzte der junge Graf sein Studium der Naturwissenschaften und neueren Sprachen in Göttingen fort. Am 25. August 1788 erhielt er den Erbbrief über die elterlichen Häuser in Dresden und das väterliche Stammgut Rammenau, welches er nun übernahm und verwaltete, »was ihn indessen nicht hinderte, das benachbarte Böhmen von Zeit zu Zeit zu besuchen«. Die erste größere Reise – seine Kavalierstour – führte ihn 1793/94 durch Ungarn, Österreich und Italien. Nach der Rückkehr veröffentlichte die »Oberlausitzische Gesellschaft der Wissenschaften« seine Reiseeindrücke unter dem Titel *Reise in einige Gegenden von Ungarn bis an die türkische Grenze.* Dies allerdings ohne sein Wissen, und es heißt, dass er stets in heftigen Unwillen geriet, wenn er daran erinnert wurde. Es scheint, als habe er es seiner Schwester Friederika Theresia Amalia kaum verzeihen können, dass sie ohne seine Genehmigung die an sie persönlich gerichteten Briefe zur Veröffentlichung weitergab.

Hoffmannsegg verkaufte 1794 das väterliche Gut Rammenau an seinen Schwager Friedrich von Kleist und reiste im Herbst 1795 mit dem in Leipzig wirkenden Naturforscher von Tilenau (1769–1857) auf dem Seeweg nach Lissabon. Er hatte in den Schriften Carl von Linnés (1707–1778) den Hinweis gefunden, dass die Pflanzenwelt Portugals ein gänzlich unerforschtes Gebiet sei, sogar weniger bekannt als manche Gegenden Indiens. Der Reiz dieser Forschungsaufgabe half leider nicht darüber hinweg, dass die beiden Reisenden mit recht unterschiedlichen Vorstellungen über ihr Ziel aufgebrochen waren. Schon nach einem halben Jahr kehrten sie zurück, und Hoffmannsegg plante die Expedition mit einem neuen Begleiter.

Johann Centurius Graf von Hoffmannsegg, Lithographie

Professor Heinrich Friedrich Link (1767–1851) aus Rostock wurde sein zweiter Reisepartner. Sie unternahmen in den Jahren 1797 bis 1801 gemeinsame Forschungs- und Sammelreisen. Professor Link erwähnt im dritten Band seiner *Bemerkungen auf einer Reise durch Frankreich, Spanien und Portugal* insgesamt 2104 gesammelte Pflanzenarten, dabei trifft er die Unterscheidung zwischen blühenden und blütenlosen: »Bis auf einige sehr wenige sind sie in dem Herbarium des Grafen von Hoffmannsegg aufbewahrt. Diese große Anzahl, gesammelt in drey Jahren, zeugt von dem Reichthume des Landes, und – darf ich ohne Scheu hinzusetzen – von unserem Fleiße.« Die Reise endete trotz gefährlicher Situationen glücklich. Hoffmannsegg zog es nach Berlin, wo er das Material mit Professor Link auswerten und veröffentlichen wollte. Es entstand eine umfangreiche Beschreibung der Pflanzenwelt Portugals, die er in französischer und lateinischer Sprache kommentierte: *Flore Portugaise.* Hoffmannsegg konnte Gottfried Wilhelm Völcker (1775–1849), Porzellanmaler an der Königlichen Porzellanmanufaktur Berlin, für das künstlerisch anspruchsvolle Werk begeistern und zur Mitarbeit gewinnen.

Titelkupfer des Werkes *Flore Portugaise* von 1809

Gemeinsam mit den Entomologen Johann Karl Wilhelm Illiger (1775–1813) und Johann Christian Ludwig

Hellwig (1743-1831) gab Hoffmannsegg die erste vollständige, systematisch bestimmte und geordnete Insektensammlung in Deutschland heraus. Mit einem Umfang von über 8800 europäischen, 3655 brasilianischen und knapp 4000 sonstigen Arten übertraf diese Sammlung alles bisher Dagewesene. Vor allem ihre systematische Ordnung war einmalig. Die Insektensammlung sollte in Berlin in erster Linie Entomologen öffentlich zugänglich gemacht werden. Da Hoffmannsegg aber dringend finanzielle Mittel für den Druck der *Flore Portugaise* brauchte, verkaufte er seine Insektensammlung an das Zoologische Museum in Berlin.

Neben seinen finanziellen Sorgen stürzten ihn menschliche Verluste in eine tiefe Krise, die er in einem Brief an seinen Freund Brühl am 9. März 1820 beschrieb: »Meine Schwester ist tod, - mein Schwager ist tod, - das Schloss ist tod, es rührt sich keine Maus mehr; meine Ruhe ist tod, denn ich habe 4 Güter auf dem Halse, und alle Prozesse und Schwierigkeiten der Welt!« Hoffmannsegg blieb kein anderer Ausweg, als das Projekt seiner *Flore Portugaise* an den preußischen Staat zu verkaufen, um Darlehen und Schulden zu tilgen. 1820 kaufte er Schloss Rammenau für 66 000 Taler von Friedrich von Kleist zurück, um dort seinen Lebensabend zu verbringen. Er begann sein Leben neu zu ordnen und widmete sich ab Herbst 1821 intensiv dem Gartenbau und der Pflanzenzucht in den Gräflich-Hoffmannseggschen Gärtnereien in Dresden-Neustadt und Rammenau. Er erarbeitete Pflanzenkataloge, vertrieb seine Gewächse und malte sie. Lieblingsthema seiner Ölgemälde wurden die farbenfrohen Dahlienzüchtungen. Nicht nur sein Fachwissen war geschätzt, sondern auch sein Interesse für die schönen Künste und das Beherrschen von sieben Sprachen. Diese Eigenschaften zeichneten ihn als einen außergewöhnlichen Menschen aus und machten ihn zu einer gesellschaftlichen Größe in Dresden.

Zwei Pflanzendarstellungen aus den *Flore Portugaise*

Im Alter von 59 Jahren heiratete Johann Centurius von Hoffmannsegg die neunzehnjährige Fanny Louise Johanna von Warnery. Der Ehe entstammte Sohn Conradin (1827–1898), der von seinem Vater die Liebe zur Natur geerbt hatte, aber ansonsten ein Träumer gewesen sein soll.

In der Geschichte von Rammenau kommt der Persönlichkeit des Grafen Johann Centurius von Hoffmannsegg ein besonderer Rang zu. Er war ein überdurchschnittlich begabter Mensch und seine grenzenlose Liebe zur Natur ließ ihn in manchen Situationen zum »Lebenskünstler« werden. Sein fachübergreifendes naturwissenschaftliches Wirken hat die Forschung des 19. Jahrhunderts ein großes Stück vorangetrieben. Schaut man sich heute Einzelblätter der *Flore Portugaise* in den Museumsräumen des Barockschlosses an, lassen die aufwändigen, zarten Pflanzendarstellungen den Betrachter die Begeisterung Hoffmannseggs für seine Arbeit erahnen. In erster Linie war der Graf Naturforscher und nebenbei Familienvater, Großgrund- und Rittergutsbesitzer, Kirchenpatron und Gerichtsherr von Rammenau.

## *Friedrich von Kleist – nicht nur ein Ritter des Johanniterordens*

Friedrich von Kleist (1746–1820) kaufte 1794 das Erbrittergut Rammenau nebst dem dazugehörigen Schaudorf von seinem Schwager Johann Centurius von Hoffmannsegg. Dies war bereits das zweite Gut, das er in der Oberlausitz besaß. Schon fünf Jahre zuvor brachte seine Frau das Erbrittergut Kunnersdorf mit Friedrichsfelde mit.

Die folgenden Jahre sind durch eine rege Bautätigkeit im Inneren des Schlosses gekennzeichnet. Da Um- und Neugestaltung zum Teil sehr erheblich waren, kann, was die Innenraumgestaltung – Neufassung der Wandbemalung – angeht, von einer zweiten Bauperiode gesprochen werden. Die Herrschaft von Kleists erkennt man an den Johanniterkreuzen, die auch heute noch an vielen Stellen im Schloss zu finden sind. Sie manifestieren die Verbundenheit des Schlossherrn mit diesem Orden.

Kleist war das älteste von elf Kindern des preußischen Oberst Carl Wilhelm von Kleist (1707–1766) und der Eva Louise Eleonore geb. von Schlomach (1726–1813). Mit dem wohl bekanntesten von Kleist, Heinrich, war er nicht direkt verwandt; sie waren Zeitgenossen und hatten lediglich einen gemeinsamen Vorfahren im 13. Jahrhundert. Das uradlige pommersche Geschlecht derer von Kleist lebt auch heute noch in zahlreichen Seitenlinien fort.

Friedrich von Kleist trat 1763 in den Militärdienst ein und nahm nach elf Jahren seinen Abschied als Rittmeister. Über seine Jugendjahre oder eine mögliche universitäre Ausbildung ist nichts bekannt. Kleist vermählte sich 1783 mit Friederika Theresia Amalia von Hoffmannsegg (1762-1820) und hatte mit ihr eine Tochter, Auguste (1784-1858).

Carl Wilhelm von Kleist (1707-1766)

Das Jahr 1797 stellte einen tiefen Einschnitt in seinem Leben dar: Er wurde zum einen in den Johanniterorden aufgenommen und zum anderen am 17. September 1797 Mitglied der »Oberlausitzischen Gesellschaft der Wissenschaften« zu Görlitz, der er bis zu seinem Tode angehörte. Diese Sozietät zeichnete sich zu dieser Zeit durch einige reformerische Bestrebungen aus. So wurden von ihr beispielsweise kostenlos medizinische Hinweisblätter über Erste Hilfe verteilt oder auch die Montage eines Blitzableiters an den Häusern proklamiert, waren doch Feuer durch Blitzschlag damals keine Seltenheit. Wenig später wurde er zum Kreisdirektor des Dahme'schen und Jüterbog'schen Kreises ernannt. Dieses Amt hatte er bis zu seinem Rücktritt 1813 inne, für den er gesundheitliche Probleme angab.

Seine Mitgliedschaft im Johanniterorden, der sich seit seiner Gründung unter anderem der Krankenpflege verschrieben hatte, und in einer aufklärerischen Sozietät könnten indirekt Auskunft über die Einstellung des Schlossherrn zu seinen Nächsten geben. Seine Untertanen in Rammenau scheinen davon allerdings wenig gespürt zu haben. Als diese sich 1802 wegen offenbar unrechtmäßiger Änderungen und Auslegungen der zu leistenden Dienste beschwerten, wies Kleist alle Vorwürfe zurück. Gleichzeitig gestattete er aber, dass sich seine Untertanen in Rammenau von ihren Diensten loskaufen konnten. Ob aufklärerisches Denken oder Geldprobleme den Ausschlag zu dieser Entscheidung gaben, sei dahingestellt.

Wahrscheinlich durch enorme Schulden - sie beliefen sich auf über 65 000 Taler - wurde Kleist gezwungen, Rammenau 1817 an seine Frau zu verkaufen. Allerdings

Das Geburtshaus Friedrich von Kleists in Zützen

verblieben die Bewirtschaftungs- und Nutzungsrechte weiterhin bei ihm. Nachdem sie Ende Januar 1820 gestorben war und Kleist als Erbe wieder in den Besitz des Gutes gelangte, verkaufte er es zurück an seinen Schwager.

## *Margarete von Helldorff – die letzte Schlossherrin*

Margarete von Posern erhielt von ihren Eltern Schloss Pulsnitz und heiratete im Alter von 27 Jahren Heinrich Ferdinand von Helldorff. Als studierter Jurist hatte dieser nach vierjähriger Beamtenlaufbahn den Staatsdienst verlassen und längere Zeit Ägypten bereist. Nach der Eheschließung übernahm er die Verwaltung des Pulsnitzer Besitzes und wurde Kammerherr des sächsischen Königs. Von seinem Onkel erbte er 1908 mehrere Güter nördlich von Naumburg, unter anderem Schloss Nebra, und konnte den Grundbesitz durch Zukauf noch erheblich vergrößern. Für die mittlerweile fünfköpfige Familie ergab sich damit ein regelmäßiger Wohnortwechsel zwischen Pulsnitz und Nebra, wo die Hauptverwaltung ihrer Güter lag. Als ihre Mutter starb, übernahm Margarete 1914 auch Schloss Rammenau, das während der Zeit des Ersten Weltkrieges als Lazarett diente.

1919 kaufte Heinrich Ferdinand von Helldorff die zwischen Pulsnitz und Rammenau gelegenen Rittergüter Elstra und Gödlau, so dass sich sein Grundbesitz schließlich auf über 2500 Hektar Land erstreckte.

Von Margarete von Helldorff wissen wir, dass sie künstlerisch interessiert und begabt war. Sie konnte malen und zeichnen und ließ sich von Künstlern beraten und anleiten. So verbrachte der belgische Kunstmaler Henri Luyten von 1911 bis 1913 mehrere Wochen auf Nebra und Pulsnitz. In den Sommermonaten war er zu Besuch bei Kirchbachs, Margaretes Eltern, auf Rammenau. Es gibt 15 Gemälde verschiedener Familienmitglieder derer von Helldorff aus dieser Zeit, denn Margarete empfahl den Maler Luyten in ihrer Verwandtschaft weiter. Die erhalten gebliebenen Porträts befinden sich in Privatbesitz und in Museen in den Niederlanden, insbesondere im Städtischen Museum Roermond, dessen Gründung auf eine Schenkung des Künstlers zurückgeht.

Margarete von Helldorff, letzte adlige Besitzerin von Schloss Rammenau

Die letzte Schlossbesitzerin von Rammenau war eine sozial eingestellte, kulturell interessierte und künstlerisch ambitionierte Person. Eine Begebenheit zeigt sie auch als überaus couragierten Menschen. Sie hatte den Mut, in der NS-Zeit über ein Jahr lang eine jüdische Frau in einem Seitenflügel des Pulsnitzer Schlosses versteckt zu halten. Es ist anzunehmen, dass Margarete diese Frau gar nicht kannte, als sie von ihrem Hausarzt um Mithilfe bei ihrer Rettung gebeten wurde.

Wenige Tage vor der Bodenreform wollte Margarete einen Kaufvertrag mit einer mexikanischen Aktiengesellschaft unterzeichnen, da ausländische Firmen nicht von der Bodenreform berührt wurden. Das wäre für sie die letzte Möglichkeit gewesen, wenigstens einen Bruchteil vom Geldwert ihres Besitzes zu erhalten. Aber der Plan scheiterte durch Verrat. Margarete von Helldorff wurde enteignet. Sie starb drei Jahre später in der Schweiz und wurde in die Familiengruft nach Pulsnitz überführt.

# Schlossrundgang

Das Besondere am Barockschloss Rammenau ist einerseits, dass alle früheren Besitzer der Schlossanlage diese zwar bewohnt, genutzt und auch verändert, aber niemals die Grundidee der Architekten infrage gestellt haben. Darüber hinaus besitzt jeder Raum im Schloss eine eigene Atmosphäre und durch die klassizistische Ausmalung sein einmaliges Flair.

*Eingangshalle* Über die Freitreppe gelangt man in die Eingangshalle, einen querrechteckigen Raum, überspannt von sechs Kreuzgewölben, die von zwei kreuzförmigen Pfeilern getragen werden. Die Halle ist mit einer klassizistisch-illusionistischen Architekturmalerei ausgestattet. Die Tür gegenüber führt in den Gartensaal mit der großen Freitreppe zum Park hin. Wendet der Besucher sich in der Eingangshalle nach links, gelangt er in den Museumsbereich, hält er sich rechts, kommt er ins Haupttreppenhaus.

*Treppenhaus* Das dreiläufige Treppenhaus zeigt noch barocke Formen der ersten Bauzeit. Die gemalte Architektur erinnert in ihrer Art an Adam Friedrich Oeser (1717–1799) und die zahlreichen Johanniterkreuze verweisen auf den Schlossherrn Friedrich von Kleist (zweite Bauphase). Oeser, der in Dresden und später Leipzig lebte und arbeitete, verband sowohl Freundschaft als auch Zusammenarbeit mit Johann Joachim Winckelmann.

*Schlossrestaurant* Die Räume der rechten Schlosshälfte im Parterre, einschließlich eines weiteren Raumes links des ehemaligen Gartensaales, beherbergen seit 1968 das Schlossrestaurant. Die Wirtschaftsräume befinden sich direkt im Seitenflügel, während die Gasträume im reprä-

Treppenhaus mit Blick auf die Tür zum Foyer

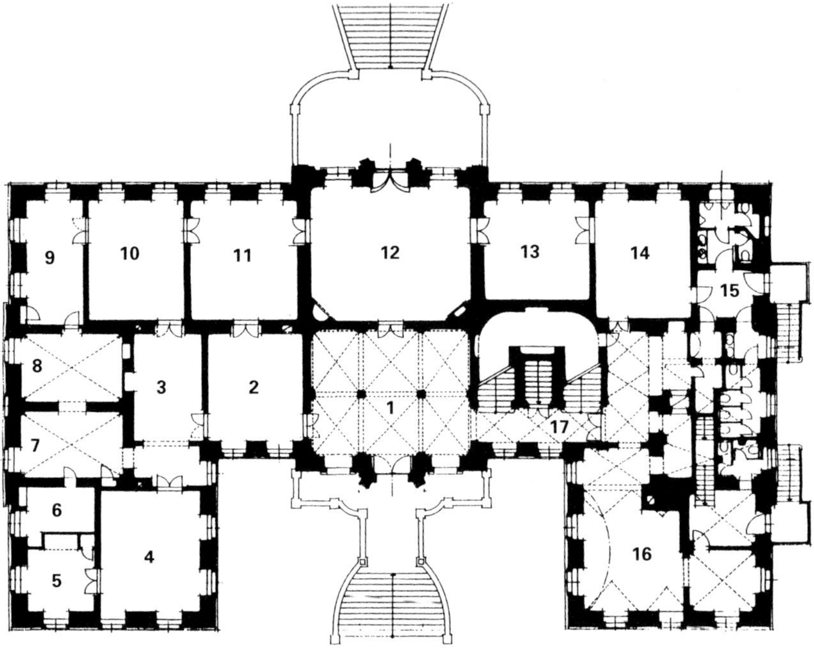


Grundriss des Schlosses: Erdgeschoss

1 Foyer
2 Museum
3 Museum
4 »Altes Büro«, Museum
5 Alkoven Museum
6 Technik
7 Museum
8 Museum
9 Museum
10 Grüner Salon, Museum, Restaurant im Schloss
11 Jagdsalon
12 Gartensaal
13 Vogelzimmer
14 Kornblumenzimmer
15 Eingang
16 Küche
17 Treppenraum

sentativen Teil zum Garten hin in vier miteinander verbundenen Räumen untergebracht sind: dem Jagdsalon (1970er-Jahre), dem historischen Gartensaal und dem Vogelzimmer sowie dem so genannten Kornblumenzimmer (frühe 1970er-Jahre).

*Museum* Im linken Flügel des Schlosses befand sich seit den frühen 1960er-Jahren in zwei Räumen zur Gartenseite hin das Schlossmuseum. Nun beherbergt der komplette Flügel die neu konzipierte multimediale Ausstellung »300 Jahre Schloss- und Baugeschichte«. Die von dem Rammenauer Fichte- und Heimatforscher Armin Dreßler zusammengetragene Fichte-Sammlung war bis 1962 im Ort zu sehen, später in drei Räumen dieses Flügels. Die Sammlung wird ab 2005 im Torhaus zugänglich sein. Bis dahin kann der Besucher einen Teil der Exponate an anderen Stellen im Schloss besichtigen.

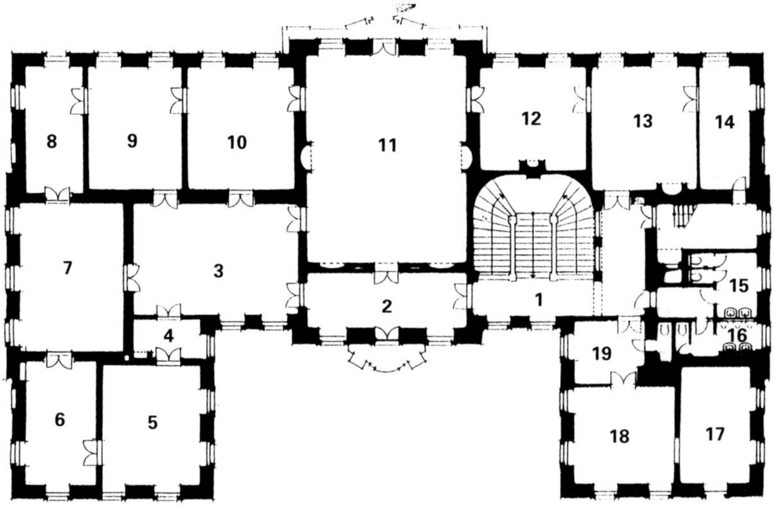


*Foyer* Im Obergeschoss gelangt man vom Treppenhaus zunächst in das Foyer. Dieser kleine Raum wirkt durch seine helle, in Rosa und hellen Grüntönen gehaltene Malerei (Blätterranken, Medaillons und Vögel) sowie die tiefen Fensternischen und den großen barocken Spiegel sehr viel größer als er ist.

*Vasenzimmer* Vom Foyer aus linker Hand ist das querrechteckige Vasenzimmer, auch Diele genannt, gelegen. Von hier aus gelangt man in alle umliegenden Räume: den Spiegelsaal, den Blauen Salon, das Jagdzimmer, das Bulgarische Zimmer sowie das Teufelszimmer. Die Wandflächen sind in einem hellen Grün gehalten und werden von altrosafarbenen Bändern mit schlichter vegetabiler Ornamentmalerei gerahmt. Im Mittelpunkt der Wandfelder ist jeweils eine antikisierende Vase zu sehen. Diese Vasendarstellungen gaben dem Raum seinen Namen.

Obergeschoss

1 Treppenaufgang
2 Foyer
3 Vasenzimmer
4 Vorraum
5 Pompejanisches- oder Teufelszimmer
6 Ankleidezimmer I
7 Bulgarisches Zimmer
8 Ankleidezimmer II
9 Jagdzimmer oder Humboldt-Zimmer
10 Blauer Salon
11 Spiegelsaal
12 Chinesisches Zimmer
13 Goldenes Zimmer
14 Abstellraum
17 Gelbes Zimmer
18 Rosenzimmer
19 Garderobe

*Pompejanisches- oder Teufelszimmer* In Rammenau gibt es eine Sage, die dem in finanzielle Nöte geratenen Bauherrn Ernst Ferdinand von Knoch einen Pakt mit dem Teufel nachsagt. Als Preis für seine Unterstützung bei der Vollendung des Schlossbaus habe sich der Teufel allerdings ein eigenes Zimmer im Schloss ausbedungen. Als durch die fest verriegelten Türen der Gestank von Pech und Schwefel nach außen drang, wurde allgemein bekannt, auf wessen Hilfe sich der Bauherr gestützt hatte. Herr von Knoch entzog sich seinen Gläubigern durch die Flucht und bald hieß es, den sächsischen Kammerherrn habe der Teufel geholt …

Die Bezeichnung des nach pompejanischem Vorbild ausgemalten Raumes als »Teufelszimmer« ist tatsächlich historisch belegt und wurde bereits in den Dreißigerjahren des vorigen Jahrhunderts von Hubert Ermisch benutzt. Denn in der schwarzen Kehle zwischen Wand und Decke treten in athletischer Pose rote Gestalten auf, die auf einem knospenbesetzten Band balancieren und etwas »teuf-

Pompejanisches- oder Teufelszimmer, farbige Wandabwicklung

Pompejanisches Zimmer nach Abschluss der Restaurierungsarbeiten, 1999

lisch« aussehen. Diese Satyrn und Bacchanten tragen Efeulaub im Haar und haben Instrumente und Trinkgefäße bei sich. Sie begleiten den Weingott Dionysos.

Die stehende Einzelfigur des Bacchus (griech. Dionysos) erscheint in Augenhöhe an der Südwand links vom Ofen als jugendlicher Gott. Direkt über dem Ofen wird er nochmals in sitzender Haltung und höherem Lebensalter dargestellt. Er war der Gott des Weines und des Weinbaus. Durch seine Gaben ermöglichte er den Menschen Geselligkeit und friedlichen Genuss des Lebens, daher weilten Eros und Aphrodite, die Götter der Liebe und Schönheit, gern bei ihm. Dionysos war auch der Freund der Musen und Förderer der Künste, in seinem Kult entstanden das Drama und die Verskunst. Als Heger des Weines wurde er zum Förderer des Wachstums der Blüten und Früchte und stand damit in der Nähe der Göttin Demeter. Bedeutungsvoll ist, dass er nicht bei den anderen Göttern auf dem Olymp, sondern auf der Erde wohnte – sein Kult bedeutete Sinnesfreuden und Genuss

Satyr aus der Gefolgschaft des Dionysos, Kehlfigur

Bacchus (griech. Dionysos), der von den Nymphen erzogen wurde

im Gegensatz zu Ernst und Strenge der Olympier. Der Widerstand anderer Götterkulte gegen ihn ist der Ursprung vieler Mythen. Sein Kult hatte ursprünglich immer den Charakter fröhlicher Heiterkeit, später verschwand die Mäßigung und er erhielt den Beinamen Bacchus, der Lärmende. Ihm zu Ehren fanden in Rom geheime, bis zur Schamlosigkeit ausartende Feste statt, die Bacchanalien. Die moralische Bewertung dieser orgiastischen Ausschweifungen können zur »Verteufelung« des Weingottes und seiner Begleiter geführt haben. Ursprünglich aber hatte der Dionysoskult eine äußert positive und lebensbejahende Bedeutung.

Die Supraporten des Teufelszimmers zeigen Kinder im fröhlichen Gefolge des Weingottes (Kinderbacchanale). In den Raumecken sind Delfine in schlangengleicher Gestalt dargestellt. Auch diese Figuren haben einen symbolischen Bezug zum Weingott: Als sich tyrrhenische Seeräuber Dionysos in den Weg stellten, wurden sie von ihm in Delfine verwandelt.

Erst 1998/99 begann die Dresdner Restaurierungsgemeinschaft mit ihren aufwändigen Arbeiten. Notwendig waren in erster Linie Festigung und Glättung des Putzes und der originalen Farbschichten sowie die Verfüllung größerer Risse. Spätere Übermalungen wurden entfernt, originale Partien schonend gereinigt und stellenweise retuschiert. Vor den Heizkörpern wurden in den Fensternischen Verblendungen mit Rekonstruktionen der darunter befindlichen Malereien angebracht.

Mit der Rückführung der Raumdekoration auf die 1918 dokumentierte Fassung erhielt der Raum ästhetisch seine klar gegliederte, lichte Tektonik voller Hell-Dunkel-Kontraste zurück.

*Ankleidezimmer I* Die beigen Wandflächen des kleinen rechteckigen Ankleideraumes werden von einer Rosengirlande auf blauem Grund gerahmt. In den Supraporten befinden sich Widderdarstellungen. Mit Dresdner Porzellan bestückte Vitrinen zeigen Figuren, Pokale und Vasen, unter anderem mit Reliefgolddekor.

*Bulgarisches Zimmer* Ein heiterer heller Raum, der heute oft für Sonderausstellungen genutzt wird. Auf den in hellem Ocker gehaltenen Wandflächen sind von Ranken und Vögeln eingerahmte Medaillons mit antikisierenden Architekturdarstellungen zu sehen. Der marmorierte Sockel und die Wandfläche sind durch ein schwarzes Band, auf das bunte Pfauen gemalt sind, zusätzlich voneinander getrennt. Auf den schmalen Wandflächen zwischen den Fenstern befindet sich jeweils ein langer blattförmiger Spiegel. Im Ornamentband der Kehlzone wechseln sich Schwäne und Papageien ab. Figuren aus der antiken Fabelwelt, halb Mensch, halb Tier, zieren die Supraporten. Die klassizistische Bemalung stammt aus der Zeit um 1800, als der Eindruck von den Ausgrabungen in Pompeji und Herculaneum und von Johann Joachim Winckelmanns Schriften auf Künstler und Bauherren von großer Nachhaltigkeit gewesen war.

*Ankleidezimmer II* Den Auftakt der Enfilade des Obergeschosses, eine klassisch barocke Raumfolge, die sich dadurch auszeichnet, dass in aneinander gereihten, wie aufgefädelten Zimmern die Fenster und Türen auf einer Flucht liegen, bildet ein Ankleideraum. Die Wände des hellen kleinen Raumes sind mit schlichten, aber großflächig angelegten, ockerfarbenen Ornamenten verziert. Die blau gerahmte Supraporte zum Bulgarischen Zimmer hin zieren zwei sich gegenübersitzende Vögel, die im Begriff sind, Kirschen zu fressen. Die Supraporte zum Jagdsalon hin zeigt einen prächtigen Pfau. Im Raum befindet sich neben original Dresdner Porzellan auch eine kleine Ausstellung über dessen Herstellung.

Terpsichore, Muse der edlen Tanzkunst

Blick vom Spiegelsaal
bis in das Goldene Zimmer,
Enfilade

*Jagd- oder Humboldt-Zimmer* Das ehemalige Humboldt-Zimmer war nach Priscilla geb. Freiin von Humboldt, der Enkelin von Wilhelm von Humboldt, benannt. Ihr diente dieser Raum damals als Schlafgemach. Die heutige Ausstattung des Jagdzimmers stammt aus den 1970er-Jahren. Über der hellen »marmo finto« Sockelzone erheben sich die grünen, jeweils von einer Eichenlaubborte eingefassten Wandfelder. Der Schmuck der Wandflächen besteht aus einer Vielzahl von Geweihen, Gewehren und anderen Waffen. Auch in den rotbraunen Supraporten befindet sich jeweils mittig eine Jagdtrophäe, wie Eberkopf oder Hirschgeweih.

*Blauer Salon* Den Namen »Blauer Salon« erhielt der Raum durch seine blaugrüne Wandfarbe. Die Wandfelder werden von einer mit einem Band umwickelten Blütengirlande in Rot, Grün und Blaugrau gerahmt. Die Blumenborte wurde in den 1970er-Jahren nachgemalt und entstammt vermutlich im Original der Raumausstattung des Grünen Salons im Erdgeschoss. Die Supraporten, in Rotbraun gehalten, sind mit zarten Planzenornamenten im Farbton der Wandfelder geschmückt. In der Ecke des Raumes, in der der 200 Jahre alte Fayenceofen steht, wird der »marmo finto« der Sockelzone bis zur Decke weitergeführt. In der Mitte des Raumes hängt ein reich mit Blüten verzierter Leuchter aus Dresdner Porzellan.

*Spiegelsaal* Der hohe, rechteckige und helle Raum mit seiner fabelhaften Akustik, in dem heute regelmäßig Konzerte, Veranstaltungen, Bankette und Bälle stattfinden, bildet das Herz des Hauses.

Die Sockelzone ist mit einem umlaufenden Paneel versehen. Die Wandflächen um die Türen und Nischen herum sind in Spiegelfelder unterteilt, die jeweils durch hölzerne, goldgefasste Rahmungsleisten von dem etwas helleren Untergrund abgesetzt und von Schnitzereien ge-

Blauer Salon mit Fayenceofen

krönt sind. Rechts und links der Eingangstür befinden sich rundbogige, verspiegelte Wandnischen, in denen antikisierende Plastiken stehen. Zwischen den hohen, rundbogigen Fenstern beziehungsweise der Türöffnung hängen Spiegel. Vor ihnen stehen auf zierlichen Sockeltischchen mit Schäferszenen bemalte Schlangenhenkelvasen aus der

Spiegelsaal bzw. Großer Saal um 1900

Sammlung der Dresdner Manufaktur. Die Frieszone, an den Schmalseiten von drei Fenstern durchbrochen, wird durch eine ornamentale Malerei in dunklerer Farbe betont. In gleicher Farbe finden sich aufgemalte Zopfleisten, die die Spiegelfelder über den Türen rahmen. In diesen Feldern hängen Ölgemälde aus dem 18. Jahrhundert: Allegorien der Musik, Bildhauerei, Architektur und Malerei. Auch die einfachen Stucklinien an der Decke sind dunkler abgesetzt. Ein großer achtzackiger Stern erinnert, wie die Johanniterkreuze an anderer Stelle im Schloss, an die Herrschaft Friedrich von Kleists. Der beeindruckende Bronzekronleuchter kommt vermutlich aus dem Brühlschen Palais in Dresden. Die wuchtigen Gesimse der

Der Spiegelsaal im heutigen Zustand

Dachkehle und die einfachen Stucklinien sowie die barocken Kamine stammen noch aus der ersten Bauzeit. Auf die Wiederherstellung der barocken Stuckdecke im Ganzen hat man allerdings im Zuge der Sanierungsarbeiten um 1900 verzichtet.

*Chinesisches Zimmer* Die älteste originale Ausstattung eines Schlossraumes weist das Chinesische Zimmer von 1737 auf. Im 18. Jahrhundert waren Chinoiserien, wie sie beispielsweise in Dresden-Pillnitz zu finden sind, sehr beliebt. Die Dekorationsform zeichnet sich durch die Nachahmung ostasiatischer Ziermotive aus. Dieser Mode folgen die auf Leinwandtapete gemalten Figuren, Ornamente und stimmungsvollen Landschaftsbilder, die dem Raum in Rammenau seinen Namen gaben. Neben diesen Tapeten haben sich die Fenster, die Stuckdecke und der Kamin original aus der Erbauungszeit des Schlosses erhalten. Der Raum ist unter anderem mit chinesischen Lackmöbeln und zwei großen Bodenvasen, so genannten Imari-Vasen, ausgestattet.

Das Chinesische Zimmer

*Rosenzimmer und Gelbes Zimmer* Durch einen kleinen Vorraum betritt man die beiden 1999 restaurierten hellen Räume im rechten Seitenflügel. Die Zimmer sind, obwohl sich hier im Original eine Schablonenmalerei befunden haben soll, relativ schlicht in hellem Gelb und Grau gestaltet. Lediglich eine Blütenborte unterhalb des zarten Gesimsbandes betont den Übergang von der Wandfläche zum Deckenbereich. Nach 1945 befand sich dort die Hausmeisterwohnung. Heute werden die Räume für Ausstellungen oder Empfänge genutzt und vermietet. Zweimal dienten sie schon als Filmkulisse.

*Goldenes Zimmer* Das ehemalige Schlafzimmer (chambre de lit) hat seinen Namen von den goldfarbenen Malereien – Renaissanceornamenten – in den Pilastern, die

Wandabwicklungen des Goldenen Zimmers. Von Hans Lillig für die Königliche Kommission zur Erhaltung der Kunstdenkmäler, 1918

die Wände in einzelne Wandfelder gliedern. Die Wandfelder wiederum werden von einem leicht erhabenen Stuckrahmen eingefasst. An einer Wand hängen zwei Ölgemälde, runde kleinformatige Berglandschaften (erste Hälfte 20. Jahrhundert) von Kurt Mohr. In den Supraporten sind kleine geflügelte Putten zu sehen. Sie versinnbild-

Goldenes Zimmer, heutiger Zustand

lichen die Elemente Wasser, Luft und Erde. Über dem Gesimsband wölbt sich die reich ausgebildete, hohe, noch aus der ersten Bauzeit stammende Stuckdecke. Über dem Kamin, der ebenfalls aus der ersten Bauzeit stammt, hängt das Gemälde einer Frau, die ihrer Tochter eine große Muschel an das Ohr hält.

Die Wandabwicklung von Hans Lillig stammt von 1918 und zeigt das Goldene Zimmer in seinem ehemaligen Zustand.

# Kunst und Kultur im historischen Ambiente

Das Schloss hat keinen Schließtag, es bietet seinen Besuchern jeden Tag Kultur und Erholung. Schloss und Park können auf eigene Faust entdeckt werden, oder der Besucher wählt aus dem vielfältigen Führungsangebot. Es finden thematische sowie spezielle Kinderführungen und zweimal im Jahr ganz besondere Nachtführungen statt. Die Nachtführungen gleichen einer alle Sinne ansprechenden Zeitreise. Über 50 Personen in zeitgenössischen Kostümen bewegen sich im historischen Ambiente: Die Besucher lauschen den Legenden und Geschichten, essen, wie es damals üblich war, und flanieren durch ein romantisch beleuchtetes Schloss, in dem die »Bewohner« plaudern, sticken oder Menuette tanzen.

Neben den ständigen Ausstellungen über die Schlossgeschichte und den Philosophen Johann Gottlieb Fichte besteht die Möglichkeit, ständig wechselnde Sonderausstellungen zu besuchen. Regelmäßig seit 30 Jahren finden im Spiegelsaal des Schlosses Kammerkonzerte statt. Im Sommer dient auch der weitläufige Park als Ort für Open-Air-Konzerte und Veranstaltungen, wie die mittlerweile schon seit sechs Jahren stattfindenden »Internationalen Oberlausitzer Leinentage«, »Landpartie nach Rammenau«, »Ostern im Barockschloss«. Kabarett- und Tanzveranstaltungen, Lesungen und anderes finden im ausgebauten Dachgeschoss des Storchenhauses statt.

Das Schlossrestaurant lädt zu einer Pause ein und sorgt während des Aufenthaltes für das kulinarische Wohl.

Eine große Anzahl der Räume im Schloss, aber auch im so genannten Wirtschaftstrakt können für private Feierlichkeiten wie Geburtstage, Hochzeiten, Taufen gemietet werden. Sie eignen sich aber ebenso für besondere geschäftliche Veranstaltungen, Seminare und Tagungen.

# Die wirtschaftliche Nutzung des Schlosses

Schlosspark mit Blick auf die Gartenfassade des Schlosses

300 Jahre Geschichte sind Verpflichtung und Grundlage für die zukünftige Erhaltung der ländlichen Barockanlage. Seit 1993 im Besitz des Freistaates Sachsen, wird sie durch den Staatlichen Schlossbetrieb verantwortungsvoll unter Berücksichtigung ihres Denkmalwertes bewirtschaftet. Durch Mittel des Freistaates und fundierte Untersuchungen der Restauratoren besteht jetzt die einmalige Chance, die einstige Vision des Ernst Ferdinand von Knoch neu mit Leben zu erfüllen. Zahlreiche Restaurierungsmaßnahmen und dezente Umbauten im Rahmen des Denkmalschutzes sind bereits erfolgt oder sollen bis spätestens 2005 beendet sein. Ein noch vielseitigeres Angebot im Schloss will den Besucher zum längeren Verweilen einladen. Stärker als bisher sollen die Räumlichkeiten des Torhauses, des Meierhofes und der Kavaliershäuser in die Nutzung eingebunden werden. Schließlich diente dieser Bereich jahrhundertelang der wirtschaftlichen Versorgung der Schlossbewohner.

Das Torhaus, der traditionelle Eingangsbereich, wird weiterhin als solcher fungieren. Hier sind der Museums-

Kavaliershaus Ost nach der Restaurierung

shop, der Rezeptions- und Frühstücksbereich des Hotelbetriebes, Seminar- und Tagungsräume und das Fichte-Museum zu finden.

Das Schlosshotel in ländlich-rustikalem Stil mit einer Kapazität von 51 Betten ist im Meierhof West angesiedelt. Nicht nur der Seminarteilnehmer wird sich über die Möglichkeit, vor Ort in außergewöhnlichem Ambiente untergebracht zu sein, freuen, sondern auch der Kurzurlauber, der die herrliche Landschaft der Oberlausitz erwandern und entdecken möchte. Der Ort Rammenau bietet dem

Besucher ebenfalls eine große Anzahl an Freizeitmöglichkeiten wie Tennis, Golf, Fitness und Bowling.

Im Kavaliershaus West bekommt das Kunsthandwerk die Möglichkeit zur Herstellung und zum Verkauf seiner Waren. Wichtig ist, dass das Handwerk für den Besucher erlebbar gemacht wird; er soll die Möglichkeit haben, selbst kreativ tätig zu sein. Der greifbare Bezug zur Vergangenheit ist ein Aspekt, der nicht nur für die Aufnahme der Handwerker im Schloss gelten soll, sondern in den übrigen Bereichen in gleichem Maße zu erkennen ist.

Im Sommer stellt ein Imbiss im Bauerngarten mit ländlichem Ambiente eine Alternative zum Schlossrestaurant dar.

Das Kavaliershaus Ost, auch Storchenhaus genannt, bietet Raum für Sonderausstellungen. Der im rustikalen Stil ausgestattete ehemalige Pferdestall, ein Raum mit Gewölben und den noch vorhandenen Pferdetränken, kann für Privat- oder Firmenveranstaltungen gemietet werden. Der ausgebaute Dachboden dient als Veranstaltungsort und ist eine rustikale und preiswertere Alternative zum Spiegelsaal.

Unter dem Motto »Backen in der historischen Backstube« kann der Besucher nicht nur im ehemaligen Backhaus wieder Brot nach altem Rezept kaufen, sondern auch selbst backen.

Im Meierhof Ost öffnet ein Bauernmarkt die Tore. Lebensmittel aus ökologischem Landbau der Region werden den Kunden und Schlossbesuchern auch noch zu außergewöhnlichen Öffnungszeiten angeboten. Diese Vielfalt lädt dazu ein, länger auf Schloss Rammenau zu verweilen und ganz bestimmt wiederzukommen.

PROSPECT
von
RAMMENAU

Prospect von Rammenau

»Eine Skizze des Schloßbaues ist erhalten, die man als Entwurfsskizze deuten könnte. Sie entspricht der heutigen Anlage. Nur eine Änderung ist ersichtlich. Links und rechts der Freitreppe ist eine Rampenauffahrt gezeichnet, die wohl deshalb nicht zur Ausführung kam, weil die Kurve, die der Wagen fahren mußte, etwas eng war. Man setzte an die Stelle der Rampe Felsengebilde, die heute durch Pflanzenwuchs verdeckt sind.« In den Mitteilungen des Landesvereins Sächsischer Heimatschutz Dresden, Ausgabe Band XXVI, Heft 9/12, 1937 von Hubert Ermisch

# Kleine Chronik – 300 Jahre Schloss und seine Besitzer

Franz Joseph von Hoffmann, nach einem Pastell von Anton Raphael Mengs

1717 Ernst Ferdinand von Knoch (24.6.1677–31.1.1745) kauft das in Konkurs geratene Seydewitzsche Gut Rammenau für 36 000 Taler. Es wird ihm auf dem am 17. Februar 1717 öffentlich gehaltenen Hofgericht zu Bautzen zugesprochen.

1720 Abriss des Ritterguts im Ort. Verwendung des Baumaterials für die Dachkonstruktion des Meierhofes.
Die eingeritzte Inschrift »Ernestus. Ferd: Knoch 1720« auf dem Türsturz des heutigen Hauses zwischen östlichem Wirtschaftsflügel und östlichem Kavaliers- oder Storchenhaus ist die älteste bisher bekannte Baudatierung der Gesamtanlage.

1721 Die Belehnung Knochs mit Rammenau erfolgt am 17. Januar.

1744 6. Februar, Franz Joseph von Hoffmann (gest. 1749) ersteht den Rammenauer Besitz für 41 000 Taler.

1745 18. März: Umwandlung Rammenaus von einem Lehen in ein Erb- und freies Eigengut. Von Hoffmann lässt zahlreiche bauliche Veränderungen und Reparaturen unter anderem an den Ställen, den Mühlen und am Brauhaus durchführen.

1746/1747 Umfangreiche Bauarbeiten am Schloss führen zu dessen Vollendung.

1749 Am 8. Dezember stirbt von Hoffmann kinderlos in Dresden. Der Erbbrief über Rammenau für seinen Neffen Johann Albericus von Hoffmann (1717–1780) wird am 16. März 1750 ausgestellt.

1751–1754 Umfangreiche Bauarbeiten am Schloss: Zum Beispiel liefert der Glaser »22 Neue Dachfenster aufs Schloß«, die zahlenmäßig mit den heute vorhandenen identisch sind. Auch im Wirtschaftsbereich sind Maurer- und Zimmermannsarbeiten belegbar. Die »große Thurm Uhr« am Torgebäude wird 1752 repariert.

1753–1754 Die beiden Kavaliershäuser werden fertig gestellt.

1778 Johann Albericus von Hoffmann wird von Kaiser Joseph II. am 22. Januar in den Reichsgrafenstand erhoben, womit eine Zuerkennung des Prädikates »von Hoffmannsegg« für ihn und seine Familie verbunden ist. Die Anerkennung vom Kurfürsten Friedrich August III. dafür erlangt er am 9. Mai des gleichen Jahres.

1780 In dem »in hiesiger Neustadt unweit des Jägerhofes gelegene[n] Hauß« in Dresden verstirbt Johann Albericus von Hoffmannsegg am 17. Januar. Sein Sohn Johann Centurius (23.8.1766 bis 13.12.1849) ist bei Antritt des väterlichen Erbes noch unmündig und kommt unter die Vormundschaft des Freiherrn von Hohenthal.

1788 Am 25. August wird für Johann Centurius Graf von Hoffmannsegg der Erbbrief über das väterliche Gut Rammenau ausgestellt.

1794 Von Hoffmannsegg verkauft am 14. Februar das Gut Rammenau an seinen Schwager Friedrich von Kleist (5.10.1746–9.2.1820). Unter diesem erfolgt die Umgestaltung des barocken Gartens in einen englischen Landschaftspark.

1817 Friedrich von Kleist verkauft Rammenau am 31. Januar an seine Frau Friederika Theresia Amalia geborene Gräfin von Hoffmannsegg (1.3.1762–25.1.1820).

1820 Am 28. Januar erfolgt der Rückverkauf des Gutes an ihren Bruder Johann Centurius von Hoffmannsegg.

1849 Graf Johann Centurius stirbt am 13. Dezember. Seine Frau Fanny Louise Johanna geborene von Warnery ist Universalerbin und bleibt bis zu ihrem Tode am 18. Februar 1859 in Besitz von Rammenau, das der gemeinsame Sohn Conradin Centurius (28.7.1827 bis 16.3.1898) erbt.

1880 Hans Curt Christoph Ernst von Posern (16.8.1839–18.10.1884), königlich-sächsischer Kammerherr und Klostervogt von Marienstern, kauft das Gut Rammenau.

1887 Im Januar heiratet von Poserns Witwe Priscilla geborene Freiin von Humboldt (23.1.1853–10.1.1914) in zweiter Ehe den General der Kavallerie Eugen von Kirchbach.

1914 Mit dem Tod der Mutter übernimmt Margarete Gisela Gabriele Alexandra von Helldorff (1876–1948) geborene von Posern Schloss Rammenau.

1939 Schloss Rammenau, einschließlich Wirtschaftsbereich und Park, wird als Kunst- und Kulturdenkmal angesehen und am 14. September in die Landesdenkmalliste A eingetragen. Es unterliegt somit den Bestimmungen und Beschränkungen des Gesetzes zum Schutz von Kunst- und Kulturdenkmalen.

1945 Im Zuge der Bodenreform werden die Schlossbesitzer enteignet. Die Anlage bleibt von direkten Kriegseinwirkungen verschont. Im Schloss befinden sich eingelagertes Gut aus der Schlossbergungsaktion, Exponate aus den Museen der Tier- und der Völkerkunde in Dresden sowie das Gutsarchiv. Die Räumung des Bergungsdepots ist am 20. Februar 1946 abgeschlossen. Ein Teil der Gartenfiguren ist sehr gut erhalten, der andere Teil stark beschädigt.

1947 Die »Verwaltung der Staatlichen Schlösser und Gärten« bittet am 7. Juli das Ministerium für Volksbildung, Abt. Kunst und Literatur, um Eingliederung des Schlosses in ihre Verwaltung, da »... für das Schloß Rammenau bis jetzt noch keine Stelle ein Interesse gezeigt hat«. Der Bitte wird stattgegeben.

1948 Am 23. Juli wird von der Landesbodenkommission die Übergabe des Schlosses Rammenau an das Ministerium für Volksbildung, Abt. Kunst und Literatur, beschlossen. Im September beginnt man mit Dachdeckerarbeiten am Schloss.

1949 Die beiden Schlangenhenkelvasen aus dem Saal werden sichergestellt und dem Schloss entschädigungslos übereignet. Die dazugehörigen Sockeltischchen sind noch auf dem Schlossboden vorhanden. Aus Bischofswerda werden am 5. Dezember die wohl nach Kriegsende entfernten, bemalten Leinwandtapeten aus dem Chinesischen Zimmer in das Schloss zurückgeholt.

1951 Am 1. Juni wird eine Nutzungsvereinbarung zwischen dem Ministerium für Volksbildung, vertreten durch die Hauptverwaltung der Staatlichen Museen, Schlösser und Gärten, und der Hochschule für Bildende Künste Dresden unterzeichnet. Damit übernimmt die HfBK »das Schloß Rammenau zur Nutzung für schulische Zwecke beziehungsweise als Sommeratelier«.

1952 Mit Wirkung vom 22. März wird Schloss Rammenau der Hochschule für Bildende Künste Dresden als zweckgebundenes Vermögen übertragen.

1954 Wegen Schwammausbreitung muss die Decke über dem Treppenhaus »neu eingebracht« werden. Der Kunstmaler Otto Kühne soll am 1. September mit der Wiederherstellung des Chinesischen und des Pompejanischen Zimmers beginnen. Die »Restaurierungsarbeiten an Tapeten« werden von Mitarbeitern des Instituts für Denkmalpflege Dresden durchgeführt.

1955 Dr. Hans Nadler vom Institut für Denkmalpflege in Dresden überzeugt sich im Sommer davon, »daß die Wiederherstellung des Pompejanischen- und des Chinesischen Zimmers durch Herrn Kühne vortrefflich gelungen ist«. Das Dach ist jedoch undicht und es regnet »in den Festsaal und das benachbarte Zimmer«.

1957 Die Hochschule für Bildende Künste Dresden nutzt das Schloss nur drei Monate im Jahr. Das ist ökonomisch nicht vertretbar und führt zur – vorerst vergeblichen – Suche nach neuen beziehungsweise weiteren Nutzern oder Nutzungsmöglichkeiten.

1961 Umfangreiche Sandsteinarbeiten, malermäßige Instandsetzung, Restaurierungen und so weiter gehören zu den Vorbereitungsarbeiten zur Fichte-Ehrung anlässlich seines 200. Geburtstages.

1962 Seit dem Frühjahr erfolgt die Einrichtung des Fichte-Museums in drei Erdgeschossräumen des Schlosses. Im Mai wird das Museum im Schloss eröffnet. Die Restaurierungs- beziehungsweise

Renovierungsarbeiten werden fortgesetzt. Dazu gehören auch erste Untersuchungs- und Rekonstruktionsarbeiten an einem Teil der Fassade.

1963 Der Rat des Kreises Bischofswerda übernimmt als neuer Rechtsträger das Barockschloss Rammenau. Für die Nutzung durch den Kreiskulturrat sind umfangreiche Arbeiten geplant.

1964/65 Bauarbeiten im Dachbereich, an den Schornsteinen sowie Blitzschutzarbeiten beginnen.

1965/66 Die Restaurierungsarbeiten an der Fassadenmalerei werden fortgesetzt.

1967 Erste Beratungen und Planungen über den später erfolgten Ausbau des Dachgeschosses finden statt.

1968 Im Sommer wird die Gaststätte im Schloss eröffnet.

1970 Die Kulturakademie des Rates des Bezirkes Dresden nimmt als weiterer Nutzer im Schloss ihren Vorlesungs- und Internatsbetrieb auf.

1972 Im Juni finden die Dreharbeiten zu dem DEFA-Film »Aus dem Leben eines Taugenichts« von und mit Dean Reed statt. Das so genannte Zollhaus entsteht als Filmkulisse.

1982 Der Uhr-Turm auf dem Torgebäude des Wirtschaftstraktes muss wegen Baufälligkeit abgetragen werden.

1990 Die Agrargenossenschaft räumt den Meierhof.

1993 Schloss Rammenau kommt in den Besitz des Freistaates Sachsen und wird Schlossbetrieb.

1996 Erste »Internationale Oberlausitzer Leinentage« auf Schloss Rammenau, letzte Augustwoche.

2001 Im Zuge umfangreicher Restaurierungsarbeiten am gesamten Wirtschaftstrakt erhielt das Torhaus wieder einen Turm.

6. »Internationale Oberlausitzer Leinentage« auf Schloss Rammenau. Rund 130 Aussteller zogen über 1000 Gäste an. Blick auf das Ausstellungsgelände, Ehrenhof und Wirtschaftstrakt

## Literatur

Barockschloss Rammenau. Konzeption zur Gesamtnutzung der Landbarockanlage als eigenverantwortlicher Wirtschaftsbetrieb. Erarbeitet vom Staatlichen Schlossbetrieb Barockschloss Rammenau 2001.

Boetticher: Geschichte des Oberlausitzer Adels und seiner Güter 1635 bis 1815, Görlitz 1912.

Dreßler, Armin: Chronik des Fichtedorfes Rammenau, Rammenau 1964.

Gurlitt, Cornelius: Bau- und Kunstdenkmäler des Königreiches Sachsen, Dresden 1908.

Gutsarchiv, Rammenau.

Jacobs, Wilhelm G.: Johann Gottlieb Fichte, Reinbek bei Hamburg 1998.

Jahrbuch der Sächsischen Schlösserverwaltung 2000. Hrsg. von der Sächsischen Schlösserverwaltung, Dresden, Band 7/8.

Mitteilungen des Landesvereins Sächsischer Heimatschutz Dresden. Hrsg. von Hubert Georg Ermisch, Ausgabe Band XXVI, Heft 9/12, 1937.

Pellmann, Udo: Barockschloss Rammenau, Dresden 1993.

Petzold, Helmut: Begegnung mit Fichte, Rammenau 1993.

Punctation von 1713, aufbewahrt im Gutsarchiv, Rammenau.

Schloss-Archiv, Rammenau.

Staatsarchiv, Bautzen.

## Bildnachweis

Archiv Barockschloss Rammenau S. 6, 8, 18, 20, 21, 22, 24, 25, 26a, 26b, 27, 28, 29a, 29b, 31a, 31b, 35, 38, 39, 41a, 41b, 42, 43, 44, 45a, 46, 47, 48b, 50, 52, 54, 55, 61

Boswank, Herbert, Dresden S. 36

Familienchronik der Familie von Kleist S. 33, 34

Landesamt für Denkmalpflege Sachsen, Wandabwicklung (Inv. Nr. MB II 10 Bl. 4) S. 40, 48a, 49

Museum für Naturkunde der Humboldt Universität Berlin – Bildgutsammlung S. 56

Pellmann, Udo, Dresden, Frontispiz

Sächsische Landes- und Universitätsbibliothek, Dresden S. 45b

Soeder, Uwe, Rammenau S. 11, 12a, 12b, 13, 14, 15, 17a, 17b, 59

Schlosspark mit Fichtedenkmal

Sachsen-Anhalt
14
Torgau
Leipzig
Riesa
12
15
16
17
13
18
14
Meiß
Freiberg
21
4
Meerane
Chemnitz
20
Crimmitschau
Glauchau
Freistaat
Thüringen
Zwickau
19
Aue
Plauen
72
Freistaat
Bayern

# Freistaat Sachsen

Sächsische Schlösserverwaltung im Landesamt für Finanzen
Stauffenbergallee 2, 01099 Dresden
Telefon (03 51) 8 27 46 32, Fax (03 51) 8 27 46 02
Internet: www.sachsen.de/schloesser

1 Dresdner Zwinger

2 Stallhof

3 Brühlsche Terrasse/Kasematten
*Postanschrift für 1–3:*
Staatliche Schlösser und Gärten Dresden
Brühlsche Terrasse/Zwinger/Stallhof
Zwinger/Theaterplatz, 01067 Dresden
Tel. (03 51) 4 91 46 01, Fax (03 51) 4 91 46 25
Internet: www.schloesser-dresden.de

4 Großer Garten
Staatliche Schlösser und Gärten Dresden
Großer Garten
Kavaliershaus G, Hauptallee 5, 01219 Dresden
Tel. (03 51) 4 45 66 00, Fax (03 51) 4 45 67 22
Internet: www.schloesser-dresden.de

5 Schloss und Park Pillnitz
Staatliche Schlösser und Gärten Dresden
Schloss Pillnitz
Fliederhof/Kapellenflügel, 01326 Dresden
Tel. (03 51) 2 61 32 60, Fax (03 51) 2 61 32 80
Internet: www.schloesser-dresden.de

6 Barockschloss Rammenau
Am Schloss 4, 01877 Rammenau
Tel. (0 35 94) 70 35 59, Fax (0 35 94) 70 59 83
Internet: www.barockschloss-rammenau.com

7 Burg Stolpen
Schlossstraße 10, 01833 Stolpen
Tel. (03 59 73) 2 34 10, Fax (03 59 73) 2 34 19
Internet: www.burg-stolpen.de

8 Festung Königstein
01824 Königstein
Tel. (03 50 21) 6 46 07, Fax (03 50 21) 6 46 09
Internet: www.festung-koenigstein.de

9 Barockgarten Großsedlitz
Parkstraße 85, 01809 Heidenau
Tel. (0 35 29) 5 63 90, Fax (0 35 29) 56 39 99
Internet: www.barockgarten-grosssedlitz.de

10 Schloss Weesenstein
Am Schlossberg 1, 01809 Müglitztal
Tel. (03 50 27) 54 36, Fax (03 50 27) 55 52
Internet: www.schloss-weesenstein.de

11 Schloss Moritzburg
01468 Moritzburg
Tel. (03 52 07) 87 30, Fax (03 52 07) 8 73 11

12 Albrechtsburg Meissen
Domplatz 1, 01662 Meißen
Tel. (0 35 21) 4 70 70, Fax (0 35 21) 47 07 11
Internet: www.albrechtsburg-meissen.de

13 Schloss Nossen

14 Klosterpark Altzella
01683 Nossen
Tel. (03 52 42) 5 04 30, Fax (03 52 42) 5 04 33
Internet: www.schloss-nossen.de

15 Burg Mildenstein
Burglehn 6, 04703 Leisnig
Tel. (03 43 21) 1 26 52, Fax (03 43 21) 5 15 37
Internet: www.burg-mildenstein.de

16 Burg Gnandstein
Burgstraße 3, 04655 Kohren-Sahlis
Tel. (03 43 44) 6 13 09, Fax (03 43 44) 6 13 83

17 Burg Kriebstein
09648 Kriebstein
Tel. (03 43 27) 95 20, Fax (03 43 27) 9 52 22
Internet: www.burg-kriebstein.de

18 Schloss Rochlitz
Sörnziger Weg 1, 09306 Rochlitz
Tel. (0 37 37) 49 23 10, Fax (0 37 37) 49 23 12
Internet: www.schloss-rochlitz.de

19 Burg Scharfenstein
Schlossberg 1, 09435 Scharfenstein
Tel. (0 37 25) 7 07 20, Fax (0 37 25) 70 72 50
Internet: www.augustusburg-schloss.de

20 Schloss Augustusburg
09573 Augustusburg
Tel. (03 72 91) 38 00, Fax (03 72 91) 3 80 24
Internet: www.augustusburg-schloss.de

21 Schloss und Park Lichtenwalde
Schlossallee 1, 09577 Lichtenwalde
Tel. (03 72 91) 3800, Fax (03 72 91) 3 80 24
Internet: www.augustusburg-schloss.de